Gianluigi Piemonte

ABUSO DEL DIRITTO IN MATERIA FISCALE NELLA PROSPETTIVA DELLA CORTE DI GIUSTIZIA

A Grazia

INDICE

1. Genesi e fondamento del divieto di abuso del diritto comunitario

E' noto il dibattito "secolare" intorno alla figura dell'abuso del diritto, in chiave eminentemente civilistica, in diversi ordinamenti nazionali (Italia, Francia, Germania etc.), che ha condotto in alcuni casi alla tipizzazione normativa del divieto di abuso (cfr. BGB tedesco).

E' interessante notare come, anche in un ordinamento sovranazionale quale quello comunitario sia emerso il fenomeno dell'abuso del diritto. Anzi, il "controllo" delle prerogative individuali ha via via costituito uno di quei principi generali a base del substrato giuridico dell'ordinamento comunitario, attraverso una giurisprudenza (ormai trentennale) della Corte di Giustizia delle Comunità Europee (di seguito anche CGCE) tendente a sindacare la presenza di condotte abusive.

La Corte ha elaborato principi generali conferendo loro il valore di fonte del diritto, mediante l'effetto combinato dei principi di primato, di uniformità (ma anche di proporzionalità e di sussidiarietà) e di effetto diretto del diritto comunitario. Il "soft law" costituito dai principi e dai valori comuni, viene trasformato dalla Corte in "hard law", attraverso la fissazione di essi in regole giurisprudenziali, da "esportare" su scala europea in modo, appunto, vincolante.

Può così accadere che in uno dei settori del diritto più conservativi e più legati alla casistica, quali il diritto tributario, abbia origine, per via giurisprudenziale, la nozione comunitaria di abuso del diritto.

La CGCE ha sviluppato in modo empirico un concetto di "abuso", che ha adattato alle situazioni contingenti *case by case* e, attraverso la progressiva generalizzazione delle formule adoperate, ha generato una vera e propria dottrina generale dell'abuso del diritto.

L'elaborazione della Corte del principio anti-abuso nasce, come vedremo, dal fenomeno della elusione fiscale, che va inquadrato nel *genus* dell'abuso del diritto e che è fenomeno comune a tutti i sistemi tributari (di Stati membri, e non). E sono proprio i principi comuni alle diverse tradizioni giuridiche dei Paesi membri ad aver rappresentato, per la Corte, il punto di partenza nel processo di elaborazione della teoria comunitaria dell'abuso del diritto.

In particolar modo, il principio anti-abuso nei paesi di "civil law" si è sviluppato come limite, come eccezione, all'estensione dei diritti individuali nel settore del diritto privato e commerciale, mentre nel sistema a "common law", è stata centrale l'analisi e la riflessione sul "principal purpose" dell'operazione, la prevalenza della "substance over form". Non tanto una eccezione, ma una regola, per così dire, di "riflessione" attenta alla reale sostanza dell'operazione economica, l'effettivo scopo economico perseguito.

In verità, le differenze tra i due sistemi non erano e non sono così marcate.

Emblematico il concetto di "abuso di forme giuridiche" impiegato nella legge generale tributaria tedesca del 1977 (par. 42), la quale postula che la legge fiscale non può essere elusa attraverso l'abuso di forme giuridiche ammesse: laddove ricorresse un abuso, la pretesa fiscale sussisterà come se fosse stata adottata una forma giuridica adeguata ai fatti economici.

La giurisprudenza comunitaria, in gran parte ispirandosi ai sistemi giuridici dei Paesi di "civil law" (da cui poi provengono gran parte dei giudici della CGCE), ha fatto propria la definizione di "Generalklausel" antielusiva di matrice tedesca di abuso del diritto, inteso come ricorso "machiavellico" a forme o strumenti giuridici comunque ammessi dall'ordinamento. Tuttavia la Corte non trascurerà concetti di derivazione "common law" quale l'attenzione al "principal purpose" dell'operazione e alla prevalenza della "substance over form", il tutto in una prospettiva di uniformità giuridica.

Se, da un lato, questo concetto di "abuso delle forme" delinea ipotesi in cui si scelgono forme giuridiche e/o si realizzano affari giuridici atipici, non corrispondenti ai fatti o alle relazioni economiche, con il fine di eludere una norma impositiva e/o di conseguire un vantaggio (fiscale) indebito, dall'altro tale condotta, per essere considerata abusiva e sanzionabile, non deve accompagnarsi ad una apprezzabile giustificazione economica e deve connotarsi, soprattutto, per l'uso distorto di forme e norme giuridiche.

E qui la Corte importa dai sistemi di "common law" il *business purpose test,* per individuare tutte quelle situazioni in cui il contribuente consegue un risparmio di imposta attraverso operazioni meramente strumentali e che non trovano giustificazione extra-fiscale. La CGCE, infatti, più volte ha adottato un atteggiamento sostanzialistico, ribadendo l'insufficienza della regolarità e legittimità formali degli atti del contribuente, se le sue scelte economico-imprenditoriali possono essere contestate alla luce del principio delle "valide ragioni economiche" (*economic substance*).

Il principio comunitario anti-abuso diviene, pertanto, un principio di prevalenza della "substance over form", che postula un confronto tra consistenza economica dell'operazione e risparmio d'imposta (ex multis CGCE, 12 luglio 1988, Direct Cosmetics II, cause riunite C-138 e 139/86, ma l'emersione del principio, nella sua accezione originale e autonoma rispetto ai singoli sistemi giuridici dei Paesi membri, risale alla giurisprudenza *Werhan and Others* della CGCE, 13 novembre 1973, causa C-63-69/72).

Si perviene, dunque, dopo pronunce quali CGCE, 2 maggio 1996, Paletta (causa C-206/94), CGCE, 9 marzo 1999, Centros (causa C-212/97), CGCE, 14 dicembre 2000, Emsland-Starke (causa C-110/99), a definizioni secondo cui "gli interessati non possono avvalersi fraudolentemente (frode-evasione) o abusivamente (elusione) del diritto comunitario e la lotta contro ogni possibile frode, evasione e abuso è un obiettivo" riconosciuto a livello comunitario (CGCE, 21 febbraio 2006, Halifax, causa C-255/02, par. 68). La Corte di Giustizia è parsa risolvere, pertanto, il generale fenomeno abusivo, nel diritto tributario, nell'elusione fiscale. Nondimeno nel caso Halifax la Corte non fa riferimento al termine elusione, ma all'abuso. Il giudice comunitario, per la verità, nelle sue varie pronunce, ha "oscurato" le categorie tradizionali del "tax law" (anche per le note divergenze linguistiche, basti pensare che in francese elusione si scrive *evàsion*) facendo ricorso a termini diversi e fra loro fungibili quali "abuse", "abuse of law", "abuse of rights", "abusive practices"

Il divieto di abuso del diritto è stato, infine, codificato quale principio generale nella Carta dei diritti fondamentali dell'Unione Europea, la quale, all'art. 54, disciplina l'abuso del diritto e delle libertà e dispone che "nessuno può esercitare un diritto o compiere un atto che miri a distruggere diritti o libertà riconosciute e può imporre a tali diritti e libertà limitazioni più ampie di quelle previste nella Carta".

2. La giurisprudenza della Corte di Giustizia in materia di abuso del diritto tra fiscalità non armonizzata e fiscalità armonizzata

Dall'analisi della giurisprudenza della CGCE parte della dottrina anche internazionale ha ricostruito, nell'ambito dell'abuso del diritto comunitario, due figure di abuso: abuso in senso lato (abuse of law) e abuso in senso stretto (abuse of right).

Tale dottrina ha preso le mosse, in particolare, da questa massima "A Member State is entitled to take measures to prevent certain of its nationals from attempting, under cover of the rights created by the Treaty, improperly to circumvent their national legislation or to prevent individuals from improperly or fraudulently taking advantage of provisions of Community law", così la CGCE, in sent. 9 marzo 1999, Centros (causa C-212/97). Tale pronuncia abilita gli Stati Membri ad assumere misure atte a prevenire: (a) comportamenti dei propri cittadini i quali, invocando diritti e libertà sancite nel Trattato Ue, tentino di aggirare impropriamente la propria normativa nazionale; oppure (b) condotte miranti a eludere, o ad aggirare con frode, disposizioni di diritto comunitario, traendone vantaggi indebiti.

Da un lato (a) si è parlato di abuso del diritto in senso lato, ove il diritto di cui si abusa appartiene al sistema fiscale nazionale, che viene aggirato mediante il ricorso strumentale alle prerogative e libertà fondamentali accordate ai privati dal diritto comunitario pattizio (i Trattati). In pratica il soggetto privato, attraverso manovre artificiose (sostiene la Corte), invoca l'applicazione di principi e libertà fondamentali della Ue, in modo tecnicamente corretto, al fine di ottenere un vantaggio cui non avrebbe titolo secondo la normativa fiscale nazionale, o per evitare l'applicazione di una norma nazionale più svantaggiosa.

Dall'altro (b) si è indicato, come abuso in senso stretto, l'abuso della normativa comunitaria: il diritto di cui si abusa consiste in una facoltà ("right") attribuita ai privati dal diritto comunitario secondario (direttive – regolamenti). L'abuso si concreta in un esercizio di un diritto di matrice comunitaria non conforme rispetto al fine della norma CE attributiva di tale diritto. Qui l'elusione concerne una normativa fiscale comunitaria.

A ben vedere, anche nella prima ipotesi l'uso distorto di una normativa concerne una fonte di derivazione comunitaria, benché primaria: in modo strumentale, per così dire abusivo, si ricorre ad una disposizione pattizia della Ue per giustificare la elusione di una disciplina fiscale nazionale. Bisognerà poi verificare se l'invocazione della disposizione primaria comunitaria è davvero ammissibile, avuto riguardo alle ragioni effettivamente addotte, se riconducibili all'operatività di quella libertà invocata e riconosciuta nel Trattato. Ragioni che non dovranno esulare da un imprescindibile carattere di ordine economico, in quanto il Trattato nasce come insieme di libertà e diritti tesi ad assicurare il Mercato Interno, attraverso l'unione doganale, economica e monetaria, le libertà fondamentali di circolazione infra-Ue e di prestazione di servizi etc.

Si è così affermato che nella ipotesi di c.d. abuso in senso lato la questione è di "limite esterno": la fattispecie potrà essere elusiva rispetto alla normativa nazionale ma non per il sistema comunitario; mentre nel caso di c.d. abuso in senso stretto si tratterà di individuare il limite interno della norma comunitaria violata (*rectius* aggirata).

Il divieto di abuso si configurerebbe, pertanto, a livello comunitario, in tale bipartizione concettuale di "prohibition of abuse of law" (abuso *lato sensu*) e "prohibition of abuse of Community law" (abuso *stricto sensu*). La prima definizione individuerebbe fattispecie di "Treaty shopping", la seconda di "Directive shopping". Vedremo come alla prima accezione vengano così ricondotte fattispecie relative alla fiscalità non armonizzata, alla seconda casi attinenti alla fiscalità armonizzata.

Per il vero questa bipartizione concettuale non convince, in quanto, fatti i dovuti distingui laddove si assume abusata una norma primaria della Ue ovvero una disposizione secondaria attributiva di diritti, e considerati diversi approcci laddove la normativa fiscale che si assume elusa sia o meno

9

armonizzata, la nozione di abuso, come si dirà più innanzi, è pressoché identica. Non andranno sottaciute neanche le diverse terminologie via via usate dalla Corte di Giustizia per definire l'abuso, espressioni utilizzate in modo fungibile e fra loro equivalenti (a volte "abuse of law", altre " abuse of right", altre – e ancora meglio – "abuse of rights" o "abusive pratices").

Ma andiamo con ordine: i due *leading cases* sono costituiti, per l'abuso in senso lato, dalla sentenza CGCE 12 settembre 2006, Cadbury Schweppes, causa C-196/04 (in tema di imposizione diretta, non armonizzata, di redditi societari derivanti da operazioni trans-nazionali), mentre, per l'abuso in senso stretto, dalla pronuncia CGCE, 21 febbraio 2006, Halifax, causa C-255/02 (in tema di imposizione indiretta IVA, armonizzata).

Nel caso dell'abuso in senso lato, si è detto, il contribuente da un lato aggira la norma nazionale, dall'altro abusa di una libertà comunitaria, la quale verrebbe impropriamente richiamata.

Già nella sentenza CGCE, 14 dicembre 2000, *Emsland-Starke* (causa C-110/99), par. 66, come in altre precedenti pronunce (CGCE 21 giugno 1988, *Lair*, causa C-39/86 etc.) la Corte ha riconosciuto l'interesse legittimo degli Stati Membri ad impedire che, grazie alle possibilità offerte dal Trattato, i loro cittadini tentino di sottrarsi all'applicazione di leggi nazionali: "In the context of fundamental freedoms the Court has held on more than one occasion that the circumvention of a Member State's rules by an abusive exercise of rights under Community law in inadmissible". La Corte, tuttavia, adotta la prospettiva del Mercato Interno per definire le ipotesi abusive: saranno illegittime (sussistendo abuso di diritto comunitario) solo le operazioni economiche infracomunitarie che, da un lato, eludono la normativa nazionale per conseguire un indebito risparmio fiscale, dall'altro, non realizzano effettivamente le finalità per le quali il sistema comunitario le tutela, ovvero i casi in cui, nel dedurre l'illegittimità o la non applicabilità della legislazione nazionale, adducendone la contrarietà a norme del Trattato Ue, il privato "tenta" di concludere un'operazione transnazionale che è impedita o ostacolata dalla legislazione domestica, ma rispetto alla quale non sono dimostrate apprezzabili ragioni economiche riconducili alla realizzazione del Mercato interno.

Nondimeno sappiamo che la scelta del cittadino comunitario è in generale protetta dal diritto dell'Unione e che, pertanto, l'esercizio di una libertà fondamentale non può costituire, di per sé, un abuso. E' il principio del Mercato comune, nel cui ambito i cittadini comunitari possono scegliere il regime regolatorio di maggior favore, nell'ottica di una libera competizione tra ordinamenti infraUe. Ciò vuol dire, nel settore tributario, in particolare nella fiscalità non armonizzata, che il contribuente è libero di organizzare i propri affari a livello transnazionale nel modo che reputa più conveniente. Viene infatti generalmente vietata, dal diritto comunitario, ogni restrizione governativa idonea a provocare una "distorsione" (intesa come ogni forma di scostamento dalla libertà di concorrenza causato da interventi diretti delle autorità nazionali) rispetto alla libera scelta del contribuente, impedendo la "libera circolazione" e la più efficiente allocazione di risorse all'interno della Ue. Pertanto l'intento del cittadino Ue di rilocalizzare le risorse in altro Stato Membro per ridurre il carico fiscale, optando per il sistema fiscale che nel Mercato interno è più conveniente, è protetto in sé dall'ordinamento comunitario. Dovranno, però, essere rispettati i nessi giuridici o criteri di collegamento (domicilio, residenza, cittadinanza, sede operativa etc.) che connettono una determinata disciplina fiscale ad un fatto fiscalmente rilevante. In particolare, dovrà sussistere una "stabile organizzazione di impresa", secondo la definizione in senso sostanziale fissata, ai fini dell'imposta sul valore aggiunto, dalla Corte di Giustizia e che proprio nel corso del 2011 è stata avallata dalla Ue nella discussione in atto sulle modifiche da apportarsi al Regolamento Europeo n. 1777/2005 attuativo della direttiva n. 2006/112/CE del 28.11.2006 in materia di "sistema comune dell'IVA", di recente, a sua volta modificata, dalla direttiva 2008/8/CE datata febbraio 2008[1].

11

Ma vediamo meglio questo aspetto, alla luce della casistica relativa alla fiscalità non armonizzata (per così dire, "tipica" dell'abuso *lato sensu*).

In tali casi la Corte ha parlato, per circoscrivere le ipotesi di abuso, di "costruzioni di puro artificio" ("wholly artificial arrangements" - sentenza *Cadbury Schweppes*), mentre parlerà di "pratiche abusive" a riguardo delle ipotesi di abuso in materia di imposizione armonizzata (sentenza *Halifax*).

Nel caso *Cadbury Schweppes* è la prima volta che la CGCE giudica sulla compatibilità con le libertà fondamentali riconosciute dal Trattato delle norme nazionali relative alle "controlled foreign companies" (Cfc legislation), ovvero su norme che hanno fini difensivi delle basi imponibili nazionali. La Corte opera un bilanciamento tra il diritto Ue di stabilimento, sancito come libertà fondamentale, e il diritto degli Stati di proteggersi da operazioni transnazionali artificiali, che localizzano all'estero gli investimenti. Basandosi sui precedenti (ICI plc, causa C-264/96; Lankhorst-Hohorst, causa C-324/00 etc,) e facendo riferimento ai principi già espressi nelle sentenze *Emsland-Starke* e *Halifax*, la CGCE afferma che le restrizioni alle libertà di cui al Trattato sono consentite solo per contrastare "costruzioni di puro artificio" posti in essere per aggirare la disciplina nazionale.

Tali "costruzioni puramente artificiose", per essere tali, dovranno essere prive di effettività economica e finalizzate esclusivamente ad eludere la normale imposta nazionale. Ciò che qui rileva è la mancanza di buona fede nell'operazione,

---

[1] L'accezione europea del termine comprende tutte le organizzazioni, anche di minime dimensioni, insediatesi *permanentemente* sul territorio di un qualsiasi Stato membro. Le caratteristiche perché possa parlarsi di stabile organizzazione sono *in primis* rappresentate dalla *disponibilità di risorse umane e tecniche proprie, atte a permettere alla stabile organizzazione di ricevere ed utilizzare servizi di terzi* e *prestare propri servizi, oggetto dell'attività d'impresa, in perfetta autonomia rispetto alla casa madre*. Affinché la *stabile organizzazione* si perfezioni è necessario che le prestazioni rese ad un soggetto passivo d'imposta siano eseguite nel luogo in cui è ubicata la sede dell'attività economica. Si consideri che se la stabile organizzazione è localizzata in un luogo diverso da quello in cui ha la sede principale il soggetto passivo che ha reso i servizi, il *"locus"* di esecuzione è perfettamente coincidente con quello in cui è sorta la stabile organizzazione.

nel senso che le libertà sancite dal Trattato vengono invocate in modo solo strumentale, senza che una effettiva ragione che rifletta la realtà economica, nel contesto del Mercato interno, sia posta a base dell'operazione.

Per esemplificare tali costruzioni artificiose, la Corte parla di società "fantasma", "schermo", "letterbox companies", ove ad es. le attività commerciali sono eseguite altrove etc. Trattasi del fenomeno della estero-vestizione di società controllate, ma giuridicamente autonome, cui sono conferiti beni o attività, per consentire alla società madre di creare un costo deducibile nel Paese di residenza e di generare base imponibile nel Paese a bassa fiscalità. Le società figlie vengono così utilizzate come base per le attività di commercio o investimento, non svolgendo però alcuna concreta attività nel territorio dello Stato in cui ha la sua sede sociale, ovvero fornendo servizi o producendo beni che vengo allocati fuori dal Paese in cui hanno sede.

L'abuso sussisterebbe, dunque, nei soli casi in cui gli obiettivi perseguiti dalle libertà fondamentali pattizie non siano raggiunti. Considerato che scopo delle libertà fondamentali per i soggetti economici, e del correlato divieto di restrizione e di non discriminazione per gli Stati Membri, è la realizzazione di un'effettiva integrazione economica, le transazioni "cross-borders" infraUe che non concretizzano tale obiettivo si pongono al di fuori della sfera di applicazione del Trattato. Laddove invece tali operazioni si possano giustificare in rapporto ai fini perseguiti dal Mercato interno (ad es. perché il mercato di un dato prodotto è più ampio in quel dato Paese in cui la società va a stabilire una "controllata" etc.), allora l'operazione, ritenuta abusiva dal sistema domestico, sarà considerata conforme agli obiettivi del Trattato e, dunque, preservata.

A ben vedere, la mancanza di "valide ragioni economiche" (extra-fiscali) è poi lo stesso requisito che viene identificato per la configurabilità dell' abuso in senso stretto, quando si intendono perseguire pratiche abusive tendenti esclusivamente o essenzialmente al conseguimento di un indebito vantaggio fiscale, mediante l'uso distorto di norme secondarie Ue attributive di diritti, senza che, appunto, sussistano "valide ragioni economiche" che mirino a favorire l'integrazione economica e la libera concorrenza nel Mercato interno. Qui il *leading case* (ma cfr. anche caso *Diamantis*, causa C-373/97) è costituito dalla pronuncia CGCE, 21 febbraio 2006, Halifax, causa C-255/02, in tema di fiscalità armonizzata (imposte indirette – IVA), seguita da CGCE, 21 febbraio 2008, Part Service, causa C-425/06.

L'abuso del diritto comunitario, in senso stretto, viene allora definito come la situazione in cui un soggetto trae impropriamente vantaggio dall'uso distorto di situazioni giuridiche soggettive attribuite da norme di diritto secondario Ue. Occorrerà previamente definire i limiti (interni) della situazione soggettiva, definendone il contenuto sostanziale, delimitando la portata del diritto attribuito ai privati (sono tutti concetti, attribuiti ora all'ermeneutica della Corte, ma già espressi dal dibattito "secolare" sull'abuso nei sistemi di *Civil law*). Il principio è ormai considerato generale, tanto che i privati non potranno avvalersi abusivamente di norme comunitarie, farne una "applicazione distorsiva", anche in settori diversi dall'imposizione fiscale (CGCE sentt. *Cremer, Palletta, General Milk Products, Kefalas* etc.).

Questa definizione, per tornare al diritto tributario, ben si sposerebbe con la casistica della fiscalità armonizzata, dove la disciplina regolativa della materia è dettata direttamente dalla Ue.

Il principio anti-abuso appare, peraltro, fissato stabilmente anche nella normativa tributaria comunitaria, così da predisporre misure positive "self-protective" che garantiscano che i diritti attribuiti non vengano usati in modo eccessivo o distorto (cfr. Direttive CE sul regime fiscale per le fusioni societarie e per i gruppi societari, sulla tassazione di interessi e royalties infragruppo, sul sistema comune di imposta sul valore aggiunto – IVA). Le clausole *ad hoc* ivi contenute, facendo salva la competenza degli Stati Membri a predisporre misure anti-abuso a difesa degli imponibili nazionali, abilitano gli Stati stessi a derogare alle norme comunitarie attributive di posizioni di vantaggio fiscale ai contribuenti, al fine di prevenirne l'abuso (ovvero l'utilizzo distorto).

Con la sentenza Halifax, la CGCE porta al culmine un processo di sviluppo del concetto comunitario di "abuso", iniziato almeno un decennio prima, nel delineare che il divieto di condotte abusive si applica (anche) al settore delle imposte armonizzate. Il principio dell'abuso dei diritti nel campo della fiscalità armonizzata viene espresso dal divieto (par.68-69 Halifax) di conseguimento improprio di un vantaggio fiscale accordato dal diritto comunitario, attraverso la realizzazione di pratiche abusive ("abusive practices") condotte al fine essenziale ("essential aim") di ottenere ingiustamente tale vantaggio: gli interessati così non potranno invocare la normativa comunitaria per farvi rientrare atti negoziali realizzati non nell'ambito di normali transazioni commerciali, giustificate da valide ragioni economiche, bensì allo scopo precipuo di beneficiare dei vantaggi che il diritto CE prevede. In tal modo la Corte va oltre quanto postulato dal giudice *a quo* (il "VAT and Duties Tribunal" di Londra), il quale collegava la configurabilità dell'abuso a operazioni che avessero lo scopo esclusivo ("sole aim") di conseguire un vantaggio fiscale, "without any other economic objective", ovvero, senza alcuna valida ragione economica, fosse pure marginale, ma effettiva.

Il diritto invocato dal contribuente, prosegue la Corte di Giustizia, non è, dunque consono agli scopi delle norme da cui esso scaturisce, costituendo, tale "invocazione", un esercizio distorto di quel diritto, perché contrario alla finalità della disposizione comunitaria[2].

---

[2] Nello specifico del caso Halifax, la normativa comunitaria invocata è la "sesta" direttiva IVA del 17/05/1977 n. 77/388/CEE (ora direttiva CE 112/2006), il cui scopo è quello di costituire un unico sistema dell'imposta indiretta sul volume degli affari che fosse protetto contro i comportamenti abusivi e dove il "gioco" degli operatori economici portasse a una tassazione generale IVA omogenea. Anche in materia di IVA, modello più avanzato dell'armonizzazione fiscale europea, l'obiettivo della regolamentazione resta la realizzazione di un mercato non distorto, appunto il Mercato comune.
Il caso è noto: un istituto bancario inglese (Halifax) intendeva effettuare lavori di costruzione di alcuni immobili su terreni di proprietà o in locazione; tuttavia, essendo la maggior parte delle proprie prestazioni "attive" (servizi bancari e finanziari) in regime di esenzione da IVA, lo stesso istituto avrebbe potuto recuperare sui lavori direttamente ad esso fatturati soltanto una parte minima dell'imposta assolta su tali lavori (meno del 5 per cento). L'istituto bancario ha

La CGCE ha così affermato che, nel settore IVA, si integra un comportamento abusivo, quando "le operazioni controverse ..., nonostante l'applicazione formale delle condizioni previste dalle pertinenti disposizioni della sesta direttiva e della legislazione nazionale che la traspone" siano idonee a "procurare un vantaggio fiscale la cui concessione sarebbe contraria all'obiettivo perseguito da quelle stesse disposizioni". Al riguardo, i giudici comunitari hanno precisato, in particolare, che permettere ad un soggetto passivo di detrarre la totalità dell'IVA assolta a monte laddove - nell'ambito delle sue normali operazioni commerciali - nessuna operazione conforme alle disposizioni del sistema delle detrazioni della sesta direttiva o della legislazione nazionale che le traspone gliela avrebbe consentito (o glielo avrebbe consentito solo in parte) -, sarebbe contrario al principio di neutralità fiscale e, pertanto, contrario allo scopo del detto sistema.

Il sistema delle detrazioni previsto dalla sesta direttiva, prosegue la Corte "... intende sollevare interamente l'imprenditore dall'IVA dovuta o pagata nell'ambito di tutte le sue attività economiche" ed è a tal fine che il sistema comune dell'IVA garantisce "la perfetta neutralità dell'imposizione fiscale per tutte le attività economiche, indipendentemente dallo scopo o dai risultati di tale attività, purché queste siano, in linea di principio, di per sé soggette all'IVA". Affinché si integri un comportamento abusivo, inoltre, "deve altresì risultare da un insieme di

elaborato un piano che consentiva, attraverso una serie di operazioni che coinvolgevano diverse società controllate (alle quali l'istituto medesimo forniva la relativa provvista), di recuperare in pratica integralmente l'IVA assolta a monte sui predetti lavori di costruzione. In sostanza, mediante una serie di contratti e di subappalti i predetti lavori erano stati affidati dall'istituto bancario a società controllate operanti in regime di imponibilità e con diritto alla detrazione, e da queste – a loro volta – affidati a terzi costruttori indipendenti; tuttavia, il pagamento dei lavori risultava imputabile (ai diversi livelli) allo stesso controllante, il quale in sostanza finanziava l'operazione complessiva attraverso la concessione di prestiti alle proprie controllate.

La Corte ha preso in esame – ai fini della verifica della compatibilità con la normativa comunitaria in materia di imposta sul valore aggiunto – questa serie complessa di operazioni, collegate tra loro, poste in essere da diversi soggetti al fine di fruire di determinati vantaggi fiscali altrimenti non conseguibili.

elementi obiettivi che le dette operazioni hanno *essenzialmente* lo scopo di ottenere un vantaggio fiscale". Emerge qui che l'elemento soggettivo, l'*animus abutendi*, per la configurazione dell'abuso del diritto (comunitario) non rileva in modo decisivo, essendo invece necessario e sufficiente l'effetto oggettivo di aver beneficiato impropriamente di un indebito risparmio fiscale.

La Corte di Giustizia ha poi evidenziato che la lotta contro ogni possibile frode, evasione ed abuso è obiettivo non solo riconosciuto, ma anche promosso dalla sesta direttiva e, pur in assenza nell'ambito dell'ordinamento comunitario di una disciplina positiva di tali fattispecie, deve ravvisarsi – nel sistema dell'IVA – l'esistenza di una clausola generale antiabuso posta a tutela proprio di tale obiettivo di interesse generale.

Due sono, pertanto, i requisiti richiesti per l'individuazione dell'abuso (o, come recita la Corte, delle "pratiche abusive"): a) l'ottenimento di un vantaggio fiscale, contrario all'obiettivo perseguito dal diritto comunitario secondario; b) la finalizzazione dell'operazione al conseguimento di un vantaggio fiscale quale scopo essenziale ("essential aim") dell'operazione.

L'interprete è, dunque, chiamato ad esaminare: a) la questione di diritto, ovvero se lo scopo perseguito dalla norma CE che formalmente attribuisce il vantaggio fiscale sarebbe frustrato in realtà dall'operazione in cui è rivendicato tale vantaggio; b) la questione di fatto, ovvero se il diritto comunitario invocato discende da un'attività economica che non ammette altra spiegazione che la costituzione del diritto che il contribuente intende "sfruttare". Non andranno, pertanto, considerate abusive quelle operazioni che possono essere spiegate diversamente dal mero conseguimento di vantaggi fiscali (in termini simili la Corte già si esprimeva nel caso *Emsland-Starke*).

Nel caso Halifax, la Corte, in verità, prima ha riconosciuto le transazioni effettuate come una reale "attività economica" (ai sensi della direttiva IVA), ma poi ha finito col richiedere al giudice nazionale di determinare la reale sostanza (è l'approccio di *common law* "substance over form") e il significato delle operazioni al fine di accertarne il reale carattere abusivo.

Richiedendo che le operazioni, pur se realmente volute ed immuni da rilievi di validità, per essere ritenute abusive devono avere "essenzialmente lo scopo di ottenere un vantaggio fiscale", la Corte ha usato una espressione che era apparsa, fin da subito, diversa da quella comunemente ricorrente nella precedente giurisprudenza comunitaria ed in altri testi normativi comunitari, nei quali si era sempre parlato di vantaggio fiscale come scopo esclusivo, o di operazioni compiute al solo scopo di ottenere un risparmio fiscale, ovvero, come nell'art. 11 della direttiva 23 luglio 1990 n. 90/434/CEE, in materia di regime fiscale sulle fusioni, scissioni societarie e conferimento di attivo, il quale autorizza gli Stati membri a considerare il compimento di tali operazioni, ove non effettuate "per valide ragioni economiche", quale presunzione di frode o di evasione.

La suddetta interpretazione giurisprudenziale comunitaria, proprio per la sua novità e genericità, induceva, però, la Corte di Cassazione italiana a riformulare alla Corte di Giustizia i seguenti quesiti:

- se la nozione di abuso del diritto, definita dalla succitata sentenza Halifax, come operazione essenzialmente compiuta ai fini di conseguire un vantaggio fiscale sia coincidente, più ampia o più restrittiva di quella non avente ragioni economiche diverse da un vantaggio fiscale;

- se possa essere considerato abuso del diritto (o di forme giuridiche) una separata conclusione di contratti di locazione finanziaria (leasing), di finanziamento, di assicurazione e di intermediazione, avente come risultato la soggezione ad IVA del solo corrispettivo della concessione in uso del bene.

A tal proposito, la Corte di Giustizia, con la sentenza C-425/06, Part Service, del 21 febbraio 2008, "rincarava la dose" dando le seguenti risposte.

a) La sesta direttiva IVA deve essere interpretata nel senso che l'esistenza di una pratica abusiva può essere riconosciuta qualora il perseguimento di un vantaggio fiscale costituisca lo scopo principale ("principal aim") dell'operazione o delle operazioni controverse. Nella motivazione, la Corte spiega che l'abuso può ricorrere anche quando lo scopo di conseguire un vantaggio fiscale sia quello principale, e non esclusivo, il che non esclude l'esistenza dell'abuso quando concorrono altre ragioni economiche (comunque non rilevanti, marginali, inidonee a spiegare l'operazione diversamente dall'ottenimento di un risparmio fiscale).

b) E' sempre compito del giudice di rinvio determinare se, ai fini dell'applicazione dell'IVA, operazioni come quelle in contestazione possano considerarsi rientranti in una pratica abusiva.

Dopo non molto la Corte, tuttavia, forse avvedendosi della "pericolosità" del "nuovo" orientamento che poteva avallare, inizia ad assumere un *self-restraint*, anche terminologico rispetto alle precedenti pronunce (Halifax; Part Service), per quanto concerne la esclusività o meno del fine del risparmio fiscale quale elemento costitutivo dell'abuso, con ciò unificandone il concetto, sia che lo si rapporti alla fiscalità armonizzata che a quella non armonizzata. Richiamerà, infatti, nella definizione del principio generale dell'abuso del diritto, anche la pronuncia (C-196/04) *Cadbury Schweppes* che era considerata paradigmatica del concetto di "abuso in senso lato" nei casi di fiscalità non armonizzata.

Ciò avviene nella sentenza n. C-162/07 del 22 maggio 2008, ove, si legge che: " Per quanto attiene, inoltre, al principio del divieto dell'abuso del diritto, si deve ricordare che esso è volto, segnatamente nel settore dell'IVA, a che la normativa comunitaria non venga estesa sino a comprendere i comportamenti abusivi di operatori economici, vale a dire le operazioni realizzate non nell'ambito di transazioni commerciali normali, bensì al *solo scopo* di beneficiare abusivamente dei vantaggi previsti dal diritto comunitario.

Tale principio è quindi finalizzato a vietare le costruzioni di puro artificio, prive di effettività economica, effettuate unicamente al fine di ottenere un vantaggio fiscale (v., in tal senso, sentenza 12 settembre 2006, causa C-196/04, *Cadbury Schweppes* e *Cadbury Schweppes Overseas*, Racc. pag. I-7995, punto 55)... Si deve necessariamente rilevare a tale riguardo che non viola il principio del divieto dell'abuso del diritto una normativa nazionale, come quella oggetto della causa principale, che esige dagli operatori economici di provare, mediante una determinata continuità della loro attività e delle loro operazioni, che il ricorso ad un regime di dichiarazione e di versamento semplificati dell'IVA non procede *esclusivamente* dalla volontà di ottenere un vantaggio fiscale, segnatamente imputando contabilmente all'ente o alla società controllante un debito o un credito IVA – il che produrrebbe l'effetto, nel primo caso, di ridurne i ricavi imponibili e, nel secondo caso, di attribuire a questi un credito immediato nei confronti dell'amministrazione finanziaria –, bensì costituisca il frutto di una scelta economica a più lungo termine"[3].

Il "dietrofront" è confermato dalla recente sentenza (C-103/09) del 22 dicembre 2010[4], ove, in via principale, la

---

[3] Peraltro la Corte qui sembra voler rettificare, anche terminologicamente, quanto affermato nelle sentenze "Halifax" e "Part Service", ove si collegava l'abuso alla presenza di un vantaggio fiscale quale, rispettivamente, "essential aim" o "principal aim" dell'operazione in esame. Ecco il testo in lingua inglese: "Next, the principle prohibiting the abuse of rights is intended to ensure, particularly in the field of VAT, that Community legislation is not extended to cover abusive practices by economic operators, that is to say transactions carried out not in the context of normal commercial operations, but solely for the purpose of wrongfully obtaining advantages provided for by Community law (Case C-255/02 *Halifax* [2006] ECR I-1609, paragraphs 69 and 70). The effect of that principle is therefore to prohibit wholly artificial arrangements which do not reflect economic reality and are set up with the sole aim of obtaining a tax advantage (see, to that effect, Case C-196/04 *Cadbury Schweppes and Cadbury Schweppes Overseas* [2006] ECR I-7995, paragraph 55). Moreover, preventing possible tax evasion, avoidance and abuse is an objective recognised and encouraged by the Sixth Directive (*Halifax*, paragraph 71). Clearly, national legislation, such as that at issue in the main proceedings, which requires economic operators to demonstrate, by means of a certain continuity in their activities and operations, that recourse to a mechanism to simplify VAT declarations and payments is not simply motivated by the intention to obtain a tax advantage, inter alia by entering a VAT debit or credit in the accounts of the parent company or body, which would have the effect, in the first case, of reducing its taxable income and, in the second, of securing it an immediate tax credit, but is the result of a more long-term economic decision, is not contrary to the principle prohibiting the abuse of rights."

[4] Sentenza 22 dicembre 2010, causa C-103/09 - Pres.Lenaertas; Rel Silva de Lapuerta - The Commissioners for Her Majesty's Revenue and Customs contro Weald Leasing Ltd. Questo il dispositivo:
"1) Il vantaggio fiscale derivante dal fatto che una società ricorra ad operazioni di leasing su beni come quelli oggetto della causa principale, invece che all'acquisto

Corte ha affermato che:

"1. In presenza di un contesto di fatto come quello della causa principale, l'art. 17, n. 3, lett. a), della sesta direttiva del Consiglio 17 maggio 1977, 77/388/CEE, in materia di armonizzazione delle legislazioni degli Stati membri relative alle imposte sulla cifra di affari – Sistema comune di imposta sul valore aggiunto: base imponibile uniforme, dev'essere interpretato nel senso che uno Stato membro non può negare ad un soggetto passivo la detrazione dell'imposta sul valore aggiunto assolta a monte sull'acquisto di beni effettuato in tale Stato membro, quando tali beni siano stati utilizzati a fini di operazioni di leasing compiute in un altro Stato membro per il solo motivo che le operazioni effettuate a valle non hanno dato luogo al versamento dell'imposta sul valore aggiunto nel secondo Stato membro.

2. Il principio del divieto di pratiche abusive non osta, in circostanze come quelle oggetto della causa principale, in cui un'impresa stabilita in uno Stato membro decide di effettuare, tramite la propria controllata stabilita in un altro Stato membro, operazioni di leasing su beni ad una società terza stabilita nel primo Stato membro, al fine di evitare l'applicazione dell'imposta sul valore aggiunto sui canoni

---

diretto di tali beni, non costituisce un vantaggio fiscale il cui ottenimento sarebbe contrario allo scopo perseguito dalle disposizioni pertinenti della sesta direttiva del Consiglio 17 maggio 1977, 77/388/CEE, in materia di armonizzazione delle legislazioni degli Stati membri relative alle imposte sulla cifra di affari — Sistema comune di imposta sul valore aggiunto: base imponibile uniforme, come modificata dalla direttiva del Consiglio 10 aprile 1995, 95/7/CE, e della normativa nazionale che traspone tale direttiva, purché le condizioni contrattuali relative a tali operazioni, in particolare quelle riguardanti la fissazione dell'importo dei canoni locativi, corrispondano a normali condizioni di mercato e il coinvolgimento in tali operazioni di una società terza intermediaria non sia atto ad ostacolare l'applicazione delle citate disposizioni, circostanza che spetta al giudice del rinvio verificare. Il fatto che tale impresa non effettui operazioni di leasing nell'ambito delle sue normali operazioni commerciali è ininfluente a tale proposito.

2) Se talune condizioni contrattuali relative alle operazioni di leasing controverse nella causa principale e/o il coinvolgimento di una società terza intermediaria in tali operazioni costituiscono una pratica abusiva, dette operazioni devono essere ridefinite in maniera da ristabilire la situazione quale sarebbe esistita in assenza degli elementi di tali condizioni contrattuali che hanno natura abusiva e/o senza il coinvolgimento di tale società."

relativi a tali operazioni, ove queste sono qualificate, nel primo Stato membro, come prestazioni di servizi di locazione effettuate nel secondo Stato membro e invece, in questo secondo Stato membro, come cessioni di beni effettuate nel primo Stato membro, al diritto alla detrazione dell'imposta sul valore aggiunto sancito dall'art. 17, n. 3, lett. a), della direttiva 77/388."

Con riguardo, in particolare, alle questioni pregiudiziali sottoposte alla Corte e da quest'ultima esaminate congiuntamente, in quanto afferenti alla sussistenza o meno di un'ipotesi di abuso del diritto, il giudice del rinvio chiedeva se, in circostanze quali quelle illustrate, un soggetto passivo possa vedersi negare il diritto a detrazione in forza del principio di abuso del diritto quale definito dalla Corte nella sentenza Halifax (sentenza 21 febbraio 2006, causa C-255/02).

La Corte di Giustizia ha escluso, nella fattispecie, la sussistenza di un 'comportamento abusivo', atteso che né le caratteristiche delle operazioni oggetto della causa principale né la natura dei rapporti esistenti tra le società coinvolte hanno rivelato l'esistenza di una costruzione artificiosa, priva di effettività economica, effettuata al solo ed esclusivo scopo di ottenere un vantaggio fiscale. La Corte, infatti, se da un lato sembra voler confermare la propria recente giurisprudenza (Halifax; Part Service), nel dire che: "At paragraphs 74 and 75 of Halifax and Others, the Court held, *inter alia*, that, in the sphere of VAT, an abusive practice can be found to exist only if, first, the transactions concerned, notwithstanding formal application of the conditions laid down by the relevant provisions of the directive and the national legislation transposing it, result in the accrual of a tax advantage the grant of which would be contrary to the purpose of the relevant provisions of the directive and, second, it is apparent from a number of objective factors that the *essential aim* of the transactions concerned is solely to obtain that tax advantage."; tuttavia, nel prosieguo, richiama la circostanza che le operazioni economiche in esame non presentassero carattere artificioso e che esse siano state effettuate nell'ambito di normali scambi commerciali: "Le caratteristiche delle operazioni oggetto della causa principale e la natura dei rapporti esistenti tra le società che hanno effettuato tali operazioni non rivelano, infatti, come osservato dal giudice del rinvio, alcun elemento idoneo a dimostrare l'esistenza di una costruzione artificiosa, priva di effettività economica e con il *solo e ed esclusivo scopo* di ottenere un vantaggio fiscale"[5].

La Corte conferma, pertanto, un "dietrofront" rispetto alla giurisprudenza Halifax-Part Service, laddove, sia pur nelle questioni pregiudiziali (oseremmo dire "fra le riga"), e questa volta richiamando quanto postulato dal giudice del rinvio, torna e precisare (come in passato) che l'abuso, anche per la fiscalità armonizzata, si configura, allorché le operazioni in esame siano state condotte allo scopo esclusivo di conseguire un risparmio fiscale non dovuto, in assenza di una reale ed effettiva attività economica, ovvero senza che vi fossero sottese delle effettive ragioni economiche, così come già richiedeva il giudice *a quo* del caso Halifax "without any other economic objective", dunque senza alcuna valida ragione economica, fosse pure marginale, ma effettiva, come poteva essere un risparmio fiscale consentito dall'ordinamento. Il connotato principale della condotta

---

[5] Ecco il testo in lingua inglese:
"As regards the facts at issue in the main proceedings in the present case, it should be noted that the various transactions concerned took place between two parties which were legally unconnected. It is also common ground that those transactions were not artificial in nature and that they were carried out in the context of normal commercial operations. As the national court has observed, the characteristics of the transactions at issue in the main proceedings and the nature of the relations between the companies that carried out those transactions contain nothing to suggest an artificial arrangement that does not reflect economic reality and the sole aim of which is to obtain a tax advantage (see, to that effect, Case C-162/07 Ampliscientifica and Amplifin [2008] ECR I-4019, paragraph 28), since RBSD is a company established in Germany carrying on business providing banking and leasing services.52 *In those circumstances, the fact that services were supplied to a company established in one Member State by a company established in another Member State, and that the terms of the transactions carried out were chosen on the basis of factors specific to the economic operators concerned, cannot be regarded as constituting an abuse of rights. RBSD in fact provided the services at issue in the course of a genuine economic activity."*
(Sentenza CGCE 22 dicembre 2010, causa C-103/09).

abusiva o elusiva resta, afferma la Corte, la sua idoneità a "procurare un vantaggio fiscale la cui concessione sarebbe contraria all'obiettivo" della norma (paragrafo 29 della sentenza in esame). Pertanto, "il soggetto passivo ha diritto di scegliere la forma di conduzione degli affari che gli permette di limitare la sua contribuzione fiscale": nel caso specifico la Corte concludeva che "quando un soggetto passivo ha la scelta tra due operazioni, la sesta direttiva non impone di scegliere quella che implica un maggior pagamento dell'Iva" (paragrafo 27 della pronuncia).

Con ciò la Corte sembra sancire anche il principio secondo il quale non potranno mai considerarsi abusive le scelte che possono essere giustificate "solo" da motivi fiscali se consentiti dall'ordinamento: perché si tratta di scelte per loro natura esclusivamente fiscali (le opzioni ad es.), oppure di arbitraggi che rispondono a una logica fiscale consentita dall'ordinamento.

Si pensi alla possibilità per le società agricole di optare per la tassazione su base catastale, riconosciuta solo alle società di persone e alle società a responsabilità limitata, ma non alle società per azioni e ciò in modo del tutto indipendente da qualsiasi altra caratteristica "strutturale" (volume d'affari, numero dei soci ecc.). Più in generale, si pensi a tutta quella categoria di operazioni ovvero manifestazioni di volontà (o, più in generale, scelte) che attengono al modo di "condurre i propri affari" (secondo la tradizionale espressione anglosassone) all'interno di una gamma di soluzioni equivalenti sotto il profilo del risultato pratico, ma divergenti dal punto di vista fiscale.

3. Ricostruzioni conclusive

La bipartizione concettuale dell'abuso nelle due figure sopra descritte, abuso in senso lato e abuso in senso stretto, appare, pertanto, sostanzialmente forzata.

Senz'altro differenze sussistono in ordine alla norma comunitaria abusata: ovvero se trovasi una norma primaria, pattizia, ad essere abusivamente invocata per giustificare l'aggiramento o l'indebito sfruttamento di disposizioni nazionali di sfavore o, rispettivamente, di favore; o se invece è una norma secondaria comunitaria, attributiva di una situazione giuridica soggettiva, ad essere strumentalizzata, usata in modo distorto rispetto alla sua finalità, in una parola, abusata. Differenze che si riflettono anche sulla casistica, laddove le fattispecie "incriminate" attengano a ipotesi di fiscalità armonizzata e non.

Tuttavia un *fil rouge*, un unico filo conduttore congiunge le varie definizioni di abuso del diritto (tributario) comunitario: il principio anti-abuso si connota quale una clausola generale che legittima l'inoperatività di disposizioni, nazionali o comunitarie, attributive di vantaggi (*rectius* diritti), o l'operatività di normative fiscali di sfavore, laddove l'operazione è compiuta in modo distorsivo rispetto alla finalità di una norma primaria CE dietro la quale il contribuente si fa scudo per eludere la disciplina domestica (o ottenerne un indebito vantaggio) o rispetto alla finalità di una norma secondaria CE direttamente attributiva di quel diritto, di quella posizione di vantaggio, il tutto allo scopo esclusivo di conseguire un risparmio fiscale non consentito (giusta l'ultima linea, di *self-restraint*, assunta dalla CGCE). Non dovranno, altresì, sussistere, a giustificare l'operazione, delle effettive ragioni economiche che possano legittimare le operazioni. Va, cioè, indagata, la reale funzione economica svolta dall'operazione realizzata, nel senso che se la transazione ha un contenuto economico[6] (è il "substance over form" di *common law*), oggettivamente riconoscibile, la condotta del contribuente potrà dirsi legittima, sia che abbia agito nel quadro delle libertà fondamentali, sia che l'operazione importi l'ottenimento di un vantaggio attribuito dal diritto secondario comunitario.

---

[6] che può risiedere anche in una logica di riorganizzazione o ristrutturazione aziendale non direttamente connessa al perseguimento di un diretto guadagno economico (o di un vero e proprio *business*) ovvero in un mero risparmio fiscale consentito dall'ordinamento attraverso soluzioni equivalenti.

Le diverse enunciazioni concettuali viste sono espositive, dunque, di un unico principio anti-abuso, potendovi essere solo delle diverse graduazioni dei medesimi aspetti, tutti riconducibili a due profili interconnessi: uno, per così dire, teleologico, ossia il rinvenimento di una contrarietà allo scopo della norma abusata; l'altro più soggettivo, attinente al perseguimento, in via esclusiva, di un indebito vantaggio fiscale, e senza lasciar prevalere l'esigenza di dover provare l'*animus abutendi*, elemento non necessario per la CGCE, come per altre giurisprudenze nazionali, e che potrebbe validamente anche mancare.

Volendo, dunque, pervenire ad una definizione semplice e unitaria di abuso comunitario, possiamo concludere che, secondo la più recente giurisprudenza comunitaria, l'abuso del diritto in materia tributaria sussiste:

- quando lo scopo di conseguire un vantaggio fiscale sia esclusivo;
- laddove la condotta abusiva o elusiva sia idonea a "procurare un vantaggio fiscale la cui concessione sarebbe contraria all'obiettivo" della norma;[7]
- sia nel campo delle imposte "armonizzate o comunitarie" (come l'IVA, le accise ed i diritti doganali) sia nel campo delle imposte "non armonizzate o non comunitarie" (come le imposte dirette).

La Corte di Giustizia, d'altronde, nel restringere ora il campo di operatività della teoria dell'abuso del diritto alle suddette ipotesi, non deve aver ignorato le problematiche socio-economiche emergenti, in relazione alla estensione dell'applicabilità del principio anti-abuso tributario, di derivazione comunitaria (secondo la giurisprudenza "Halifax; Part Service"). Trattasi di questioni extra-giuridiche ma non per questo meno rilevanti, che attengono alla inquietudine e alla incertezza causata agli operatori economici, nazionali e stranieri, rendendosi ancora più difficili e problematiche le operazioni commerciali (senza un adeguato *tax planning*),

---

[7] Fermo restando il diritto del soggetto passivo di scegliere la forma di conduzione degli affari (consentitagli dall'ordinamento) che gli permette di limitare la sua contribuzione fiscale.

soprattutto in un momento di grave crisi economica.

E' stato negli ultimi tempi affermato, da alcune Corti nazionali (segnatamente la Cassazione italiana) il principio del divieto, quasi assoluto, dell'abuso del diritto tributario, a meno che il contribuente non dimostri che sussistono valide ragioni economiche, alternative o concorrenti, di carattere non meramente marginale o teorico. Dimostrazione, questa, alquanto difficile, soprattutto nell'attuale processo tributario italiano, con forti limitazioni al diritto di difesa, in quanto sono vietati la testimonianza ed il giuramento.

Una situazione del genere non solo spaventa l'investitore nazionale ma, soprattutto, quello internazionale, che deve operare al buio, senza alcuna certezza giuridica, in quanto tutta la questione è rimessa alla discrezionalità degli uffici fiscali e dei giudici tributari, che dovranno stabilire quando il fine di conseguimento di un vantaggio fiscale, in una transazione, è essenziale e quando non lo è.

Per fortuna la Corte di Cassazione, quasi seguendo "a ruota" la Sentenza della Corte di Giustizia del 22 dicembre 2010 (causa C-103/09) ha di recente iniziato a porre un "freno" a questa applicazione dell'abuso del diritto tributario, con la sentenza 21 gennaio 2011 n. 1372, affermando che "L'Amministrazione finanziaria ha l'onere di provare le anomalie o le inadeguatezze delle operazioni intraprese dal contribuente al quale invece compete giustificare le finalità perseguite - diverse dal mero vantaggio fiscale - in applicazione del principio giurisprudenziale dell'abuso del diritto, inteso come non ammissibilità per l'ordinamento tributario dell'utilizzo distorto dell'autonomia contrattuale e della libera iniziativa privata volta esclusivamente al risparmio d'imposta... Il sindacato dell'amministrazione finanziaria non può spingersi ad imporre una misura di ristrutturazione diversa tra quelle giuridicamente possibili...solo perché tale misura avrebbe comportato un maggior carico fiscale"[8]. La Cassazione, in tal modo,

---

[8] il che equivale a dire, come già affermato dalla Corte di Giustizia nella sentenza del 22 dicembre 2010 (causa C-103/09) che "il soggetto passivo ha diritto di scegliere la forma di conduzione degli affari che gli permette di limitare la sua

perviene a valutare come pienamente legittima l' aspirazione di minimizzare, per quanto possibile e lecito, il carico fiscale dell'attività di impresa.

Sarebbe, comunque, auspicabile un intervento legislativo sul tema, tanto è vero che, in Italia, ad oggi, pendono in Parlamento ben tre neo-proposte di legge *bipartisan*[9]. Un intervento che stabilisca il principio secondo cui si ha abuso del diritto solo quando l'operazione viene posta in essere allo scopo esclusivo di ottenere un indebito risparmio d'imposta, contrario alla *ratio* della norma attributiva di tale vantaggio e,pertanto, non consentito dall'ordinamento, e, magari, in operazioni tassativamente stabilite, visto che discutiamo di un sistema, quale quello tributario, tradizionalmente strutturato in maniera casistica (e molto restio all'operatività di clausole generali). Sembra, infatti, quanto mai opportuno che la materia venga disciplinata da una specifica disposizione normativa (come ad esempio avviene negli Stati Uniti o in Germania) che ne chiarisca la fattispecie e, quindi, ne delimiti la portata[10]. Ne conseguirebbe, naturalmente,

---

contribuzione fiscale":

[9] Si tratta di tre proposte di legge di iniziativa parlamentare presentate nel 2009 (nn. 2521, 2578 e 2709, due di maggioranza di governo, una di opposizione). Le proposte sono rivolte a coordinare l'abuso con le previsioni contenute nell'art. 37 bis dpr n. 600/1973 in tema di elusione delle imposte sui redditi e contengono previsioni certamente condivisibili come quella secondo la quale coerentemente con il principio generale di libertà, riconosce al contribuente il diritto "di scegliere le forme giuridiche negoziali o i modelli organizzativi che comportano l'applicazione del regime di imposizione più favorevole". Il collegamento fra «elusione» e «abuso del diritto» trova riscontro anche in un'altra proposta di modifica dell'art. 37 bis dpr n. 600/1973, dove l'abuso viene presentato in funzione strumentale dell'elusione delle imposte sui redditi. "Si ritiene, infatti, che «elusione» e «abuso del diritto» siano, sostanzialmente, aspetti diversi di un medesimo fenomeno, che si concretizza in un risparmio di imposta contrario alle finalità perseguite dalla normativa fiscale: l'abuso del diritto inteso come mezzo idoneo a perseguire il fine elusivo" (così la relazione illustrativa della proposta n. 2709).

[10] Per evitare che la natura abusiva di un'operazione sia rimessa esclusivamente alle valutazioni dell'Amministrazione finanziaria e dell'autorità giudiziaria occorrerebbe che la legge definisca analiticamente e con sufficiente

anche una maggior certezza del diritto.

RIFERIMENTI BIBLIOGRAFICI

Avery Jones J.F., *The relationship between domestic tax system and tax Treaties,* in *Canadian Tax Journal*, 2002, I, 185.

---

specificazione quali sono le operazioni abusive vietate. Ciò, non solo per ragioni di civiltà giuridica, ma anche per rispetto del principio di legalità dell'imposizione tributaria sancito nell'art 23 Cost. che, quantunque sottoposto a interpretazioni riduttive (si parla, al riguardo, di una riserva relativa di legge), non tollera genericità eccessive, com'è quella che connota la nozione di abuso del diritto in materia tributaria.

Carpentieri, *L'ordinamento tributario tra abuso e incertezza del diritto,* in *Riv. dir. trib.,* 2008, 1057.

Cipollina S., *Elusione fiscale ed abuso del diritto: profili interni e comunitari,* in *Giur. It.,*2010, n. 7.

Confederation Fiscale Europeenne (CFE), *Opinion statement of the CFE ECJ Task Force on the concept of abuse in european law, based on the Judgements of the European Court of Justice delivered in the field of tax law,* November 2007 (tratto da www.cfe-eutax.org).

Crauford S. R., *The establishment of companies in European Community Law: Choice of law or abuse of rights?",* in *European current law Yearbook,* 1999, November, 1.

Deakin, *Legal diversity and regulatory competition: which model for Europe?,* Centre for Business Research, University of Cambridge, Working Paper n. 323, March 2006.

De La Feria R., *Prohibition of abuse of (Community) law: the creation of a new general principle of EC law through tax,* in *Common Market Law Review,* 2008, n. 45, 429.

Fransoni G., *Appunti su abuso di diritto e "valide ragioni economiche",* in *Rassegna tributaria* n. 4 di luglio-agosto 2010.

Gambaro A., *Abuso del diritto. II) Diritto comparato e straniero,* in *Enc. giur. It.,* Roma, 1988, I, 1.

Gammie M., *The role of the European Court of Justice in the development of direct taxation in the European Union,* in "IBFD Bulletin", 2003, n.3, 88.

Gestri M., Abuso del diritto e frode alla legge nell'ordinamento comunitario, Milano, Giuffrè, 2003.

Giovannini A., *Il divieto d'abuso del diritto in ambito tributario come principio generale dell'ordinamento,* in *Rassegna tributaria* n. 4 di luglio-agosto 2010, 982.

Hji Panaji C., *Treaty shopping and other tax arbitrage opportunities in the European Union: A Reassessment – Part I* (in *European Taxation,* 2005, 104-110) e *Part II* (in *European Taxation,* 2006, 139-155).

Lang M., *Direct taxation: is the ECJ heading in a new direction?,* in *European Taxation,* 2006, n. 9, p. 429.

Martinenego S., *L'abuso del diritto in Germania e il § 42 dell'Abgabenordnung,* in *Rass. trib.,* 2010, 659.

Mastroiacovo V., *L'economicità delle valide ragioni economiche (note minime a margine della recente evoluzione del principio dell'abuso del diritto),* in *Riv. dir. Trib.,* 2010, I, 454.

Piantavigna V., *Abuso del diritto e fiscalità nella giurisprudenza comunitaria: un'ipotesi di studio,* in *Riv. dir. fin. sc. fin.,* 2009, I, 369.

Sorensen E. K., *Abuse of rights in Community law: a principle of substance or merely rhetoric?,* in *Common Market Law Review,* 2006, 423-459.

Vanistendael F., *The role of the European Court of Justice as the supreme judge in tax cases,* in *EC Tax Review,* 1996, n. 3, 114.

Vanistendael F., *One single European theory of abuse in tax law?,* in *EC Tax Review,* 2006, n. 43, 194.

Vanistendael F., *The ECJ at the crossroads: balancing tax sovereignty against the imperatives of the single market ,* in *European Taxation,* 2006, n. 9, 413-420.

Vanistendael F., *The role of ECJ in the field of direct taxation*, in *European Taxation*, 2003, n. 1, pag. 1 ss.

Venables R., *Abuse of rights in EC law*, in *The EC Tax Journal*, 2002, n.6, 119.

Wisselink M.A., *International tax avoidance*, vol. A, in AA.VV., *A study by the Rotterdam Institute for Fiscal Studies*, Deventer, Kluwer, 1979, 209.